Woran glaubst Du?

Uwe Metz (Hg.)

Woran glaubst Du?

Bekenntnisse heller Köpfe wacher Geister und tiefer Seelen

Edition Evangelisches Gemeindeblatt

Die Deutsche Bibliothek verzeichnet diese Publikation in der Deutschen Nationalbibliografie; detaillierte bibliografische Daten sind im Internet über http://dnb.ddb.de abrufbar.

Augustenstraße 124, 70197 Stuttgart, Telefon 07 11/60 10 00, Fax 6 01 00 15, www.verlag-eva.de

Gestaltung und Satz: Cornelia Fritsch, Gerlingen
Druck: Kösel GmbH & Co. KG, Altusried-Krugzell
ISBN 978-3-945369-00-5

INHALT

VORWORT Woran glaubst du?

Liebe Leserin, lieber Leser!

Als bekennender Asterix-Fan habe ich eine Schwäche für die lateinischen Sprüche, die die Römer zum Besten geben. In „Asterix und der Avernerschild" verkündet Legionär Gaius Faulus die klassische Weisheit „sol lucet omnibus" – die Sonne scheint uns allen. Das heißt, keiner steht für sich. Wir stehen mit allem, was wir äußern und wie wir handeln in Beziehung zu allen anderen. Eine kühne Behauptung, die sich, Klassiker hin, Asterix her, umso kühner ausnimmt, da die Gegenwart uns das Gegenteil vorzuführen scheint. Die Würde des Menschen ist angreifbarer denn je. Religionen, wirtschaftliche Interessen, politische Machtansprüche zerreißen alle Verbindungen. Dennoch sind sie da. Die Wucht und die Hemmungslosigkeit der gegenwärtigen Ereignisse nehmen uns den Blick dafür. Die Frage ist, wo die Verbindungen sichtbar werden. Wo zeigt sich das Menschsein in uns und wie erfahren wir es? Es wird sichtbar in der Weise, wie wir lieben, in dem, was uns antreibt und wie sich unsere Gaben darin äußern, in dem, was uns lenkt, was wir erhoffen und schließlich wird es sichtbar, in dem, woran wir glauben. Darin zeigen wir uns, teilen uns mit und geben anderen Anstoß, sich mitzuteilen. Letzteres, Anstoß zu geben, ist das Ziel dieses Buches. Es ist erstaunlich, wie unwillkürlich die persönlichen Glaubensäußerungen anderer einen auffordern, sich selbst zu äußern. Dr. Myriam Menter, die Autorin einer der Beiträge berichtete, wie fesselnd für sie die Antworten anderer über den Glauben gewesen seien und wie sehr sie dadurch angeregt wurde, ihre eigenen zu formulieren. Es setzt sich automatisch etwas in Bewegung. Die Voraussetzung für diesen Anstoß ist kein festes Bekenntnis, sei es ein Glaubensbekenntnis oder eines, das sich dagegen ausspricht, im Gegenteil! Anstoß ist eine gewisse Unsicherheit. Unser Bild von Glauben und Leben ist, wenn wir ehrlich sind, doch sehr begrenzt. Man kann sich freilich sehr entschieden geben und dieses Bild als Grundlage für die Lebensrichtung setzen. Aber die Gefahr, in verhängnisvolle Enge und Isolation zu geraten, ist sehr groß. „Wenn man einer Sache sicher ist", sagte der neuseeländische Schriftsteller Anthony McCarten in einem Interview, „ist man außerhalb des menschlichen Gesprächs."

Wenn ich also von Unsicherheit spreche, dann meine ich eine positive, eine kreative, die sich daraus ergibt, dass man um die eigene Begrenztheit weiß und sich nicht durch eine

Entscheidung für (oder gegen) ein Bekenntnis darüber hinwegsetzt. Im Irak, in Syrien sehen wir doch allenthalben, was geschieht, wenn ein religiöses Bekenntnis alles einebnet und bekämpft, was ihm widerspricht – es ist unsäglich!
Wir müssen reden. Was nicht heißt, dass wir einander zustimmen müssen. Manchmal erweist sich gerade der Widerstand als Inspirationsquelle. Ich habe während der Entstehung dieses Buches erfahren, wie lohnenswert es ist, sich dieser Auseinandersetzung zu stellen. Ich kann sagen: Dieses Buch hat mich verändert, und es hat mich reich gemacht. Ich möchte allen Autorinnen und Autoren dafür danken. Es hat meinen Begriff von dem, was Glauben ist, geschärft und erweitert; es hat etwas in Gang gesetzt.
Ich wünsche Ihnen, liebe Leserin, lieber Leser, dass Sie eine ähnliche Erfahrung machen. Die Frage „Woran glaubst Du?“ wird in Ihnen gewiss auch jene bereichernde Unsicherheit auslösen. Schreiben Sie auf, was Sie denken. Im zweiten Teil des Buchs finden Sie unter „Daran glaube ich“ reichlich Platz für Ihre Antworten.

Herzlich
Ihr
Uwe Metz

Lisa Fitz

Ich glaube an die Macht der kraftvollen, pointierten Worte. An das Aufrüttelnde, die Empörung, die in ihnen steckt. Ich will mit meinem sezierenden Blick und dem Benennen der Missstände in der Zeit, in der ich lebe, dazu beitragen, dass die Welt ein Stück besser wird. Dass mehr Menschen verstehen, was vor sich geht und sich für eine Veränderung zum Besseren einsetzen. Ich glaube an die Entlarvung der Lüge durch Wahrheit.

Lisa Fitz macht Kabarett, singt, schauspielert, schreibt und nimmt sich auch sonst die schiefen Seiten der Welt kreativ zur Brust. Wer glaubt, Frau Fitz dumm kommen zu können, kriegt die passende Antwort. Vorzugsweise auf bayrisch und zur Gitarre gesungen.

Beate Weingardt

„Glaube denen, die die Wahrheit suchen, und zweifle an denen, die sie gefunden haben“ André Gide

(EIN FIKTIVER DIALOG)

Glaubst du an Gott? – Ich glaube, dass es eine letzte Instanz gibt, der wir alles Leben verdanken.
Eine höchste Intelligenz, aus der aller Geist in dieser Welt entspringt. Eine unvorstellbare Kreativität, die auch heute noch in der Natur und in jedem menschlichen Leben am Werk ist. Und die mir in allem begegnen kann, was ich erlebe.

Wie stellst du dir diesen Gott vor? – Möglichst gar nicht. Ich bemühe mich darum, Gott nicht mit den Bildern zu verwechseln, die wir uns von ihm machen. Es stimmt, wir haben nichts als Bilder, das heißt: menschliche Vorstellungen von Gott – althergebrachte Bilder, eigene Bilder. Schöne Bilder, schreckliche Bilder. Beruhigende und beunruhigende. Wunschbilder und Zerrbilder. Doch die Wirklichkeit hinter diesen Bildern ist und bleibt uns Menschen verborgen.
Im Johannesevangelium heißt es „Gott ist Geist" – und da dieser Geist meinem Geist unendlich überlegen ist, kann, ja darf ich mir von Gott kein endgültiges Bild machen. Er bleibt für mich immer überraschend, unvorstellbar – und doch so nah.

Wenn wir nur Bilder von Gott haben – welches Bild bedeutet dir viel?
Es ist das Gottesbild, das uns Jesus von Nazareth vermittelt hat. Es fasziniert mich, mehr noch: es gibt mir Orientierung, Werte, Hoffnung, seelischen Halt.

Was ist für dich so anziehend an dem Bild, das Jesus von Gott vermittelte? – Genaugenommen sind es mehrere Bilder, denn der Gott Jesu hat viele Facetten, er ist in sich nicht spannungsfrei. Er lässt seine Sonne aufgehen über Gute und

Böse, verkündet Jesus, und doch sagt er nur zu *einem* der Schächer am Kreuz, dass er heute noch mit ihm im Paradies sein werde. Gott weiß, was wir Tag für Tag brauchen, betont Jesus, und er ließ doch zu, dass Johannes der Täufer unschuldig geköpft wurde. Das irritiert!

Und dennoch sagst du, das Gottesbild Jesu fasziniere dich. Darum nochmals die Frage: was fasziniert dich daran? – Ich nenne sieben Facetten, denn Sieben ist eine besondere Zahl in der Bibel.

- Mich fasziniert der Gott, den Jesus vermittelt hat, denn er erwartet von uns nicht, dass wir ohne Schuld durchs Leben kommen. Als die Ehebrecherin zu Jesus gebracht wurde, sagte Jesus: „Wer ohne Sünde ist, werfe den ersten Stein". (Johannes 8)
- Mich fasziniert der Gott Jesu, denn er verurteilt nicht die Sünder, sondern diejenigen, die ihre Schuld leugnen, sich über andere stellen und über sie urteilen. Jesus fragte die Ehebrecherin, nachdem alle weggegangen waren: „Frau, hat dich niemand verurteilt?" – „Herr, niemand", sagte sie. „So verurteile ich dich auch nicht! Geh hin und sündige hinfort nicht mehr." Das genügte.
- Mich fasziniert der Gott Jesu, denn er schreibt niemandem vor, was er zu glauben hat. Wenn wildfremde Menschen – Juden, Ausländer – zu Jesus kamen und sich bittend an

ihn wandten, fragte Jesus nie danach, was sie von ihm dachten und wofür sie ihn hielten, sondern sagte zu ihnen: „Dein Vertrauen hat dir geholfen." Der Gott Jesu schreibt uns nicht vor, was wir von ihm zu glauben haben.

- Mich fasziniert der Gott, den Jesus uns vermittelt hat, denn er hatte keine Berührungsängste, es gab für ihn keine Menschen erster und zweiter Klasse, keine Recht- und Falschgläubigen. Zachäus, der korrupte Zöllner, wagte nicht, Jesus einzuladen, weil er als Sünder galt, doch Jesus lud sich und seine Freunde selbst bei Zachäus ein und „gab ihm die Ehre". (Lukas 19)
- Mich fasziniert der Gott Jesu, weil er uns klarmacht, worauf es im Leben wirklich ankommt. Jesus sagte „Alle Gebote lassen sich auf diese zwei reduzieren: Liebe Gott und liebe deine Nächsten wie dich selbst." Er gibt mir die Energie und Motivation zu einer Haltung der Liebe den Menschen und mir selbst gegenüber – auch da, wo die Gefühle anderes sagen. Anspruchsvoller geht es nicht – und praktischer auch nicht. (Matthäus 22)
- Mich fasziniert der Gott Jesu, weil wir mit ihm Erfahrungen machen können, in kleinen Fügungen und großen Entscheidungen, in schweren Verletzungen und wunderbaren(!) Bewahrungen. In bitteren Enttäuschungen und tiefem Staunen.

– Mich fasziniert der Gott Jesu, weil er wie der Vater des „verlorenen Sohnes" ein Vater, eine Mutter ist, die ihre erwachsenen Kinder weggehen lassen, auch im Unfrieden, und deren Tür doch immer offen steht. Die sich freuen, wenn wir heimkehren, egal in welcher Verfassung. „Du bist wieder da!" ist dann alles, was zählt – keine Vorwürfe, keine Abrechnung, sondern nur Barmherzigkeit und Wertschätzung werden uns empfangen. Eine Wertschätzung, die wir uns nie verscherzen können. (Lukas 15)

Wo gibt es noch einen Gott wie diesen Gott Jesu? Ich weiß keinen, und darum, so hoffe ich, „bleibe ich stets an ihm, denn er hält mich an meiner rechten Hand. Er leitet mich nach seinem Ratschluss und nimmt mich hernach in die Herrlichkeit." (nach Psalm 73) Mit diesem Ziel kann ich leben – und hoffentlich auch sterben.

Beate Weingardt Wer Gott sucht, bleibt ein Suchender, bis Gott ihn findet. Dass die Suche einen erfüllt und die Fragen nicht selten heiliger sind als die Antworten, ist der Autorin, Psychologin und Theologin Beate Weingardt bewusst. Sie sucht Bilder für Gott, aber weiß auch um deren Begrenztheit.

Barbara Spehr

WERTVOLL

Ich glaube daran, dass es jeder junge Mensch verdient, mit seinen Sorgen und Nöten gehört zu werden … gerade, wenn er auf der Straße lebt und kein Zuhause hat.

Barbara Spehr Welchen Börsenkurs hat ein Mensch? Das Be- und Entwerten geht uns immer leichter von der Hand. Dagegen stellt sich Barbara Spehr, Stuttgarterin des Jahres 2014 – Sie arbeitet ehrenamtlich für den Schlupfwinkel, einem Zufluchtsort für Kinder und Jugendliche, die auf der Straße leben.

Bärbel Wartenberg-Potter

Wenn alle Gottesbilder
deren das menschliche Herz
je fähig war

im Aufstand
der Scharfsinnigen und Überdrüssigen
gestürzt sein werden

werden wir dennoch
nicht aufhören wollen

vor dem brennenden Dornbusch
der uns bestimmt ist

die Schuhe von den Füßen zu streifen
auf heiligen Boden zu treten
und mutig zu sagen:

Hier bin ich
Schicke mich

Dieser kleine Text fasst eine wichtige Erfahrung meines Lebens in Worte: Durch scharfsinniges, intellektuelles Denken, angefangen im Theologiestudium bis heute, ist mein Glaube an die Existenz Gottes manchmal brüchig geworden. Das teile ich mit vielen, die sich in Unverständnis und Überdruss von der Kirche und dem christlichen Glauben abgewendet haben.

Für mich hat diese Entfremdung aber meist zu noch intensiverem Suchen geführt. Denn, um es biblisch auszudrücken, „mein Leib und meine Seele haben nach Gott gedürstet wie nach frischem Wasser." Nach dem Sinn des Lebens. Nach einem Wegweiser. Nach Bewahrt-Werden. Ich habe immer wieder nach der Quelle gesucht und – immer wieder aufs Neue daraus getrunken. Die Lieder meiner Mutter, die Gespräche mit meinem Vater, mit meinen Schwestern, meine Schule, mein Großwerden in dieser Tradition haben mich gehalten.

Es ist, als ob ich mit zwei unterschiedlichen und doch zusammengehörigen Bewegungen unterwegs bin – dem Zweifel *und* der Erfahrung der heilenden Nähe Gottes.

Eine der Schwestern sagt in Anton Tschechows Drama „Die Schwestern": *„Ich glaube, ein Mensch muss einen Glauben haben oder den Glauben suchen, sonst ist sein Leben leer, leer ... Leben und nicht wissen, wozu die Kraniche fliegen, wozu Kinder geboren werden, wozu die Sterne am Himmel stehen... Entweder man weiß, wozu man lebt, oder alles ist nichts."*

Ich habe zwei Kinder früh verloren. Menschen fragen nach dem Tod eines Kindes: „Wie kann Gott das zulassen? Wie kann man an Gott glauben, wenn man ein Kind verliert?" Eine meiner nüchternen Antworten ist: Es ist uns nie und von niemand ein Leben ohne Leid versprochen worden. Leben ist lebensgefährlich. Versprochen ist nur, dass wir nicht von Gott verstoßen sind, den Weg nicht allein gehen müssen. „*Selig sind, die Leid tragen, denn sie sollen getröstet werden.*" Das ist zuallererst meine Antwort auf die Theodizee-Frage, die Frage nach Gott angesichts von Leiden: Gott geht mit uns auf dem Weg.

Ich spreche von Gott als „Woher meines Trostes". Meine toten Kinder und ich sind Teil eines großen lebendigen Ganzen, in dem Gott waltet. Wir sind in Gottes Hand. In Abrahams und Saras Schoß. Mein Bild von Gott verbindet sich nicht mit menschlichen Metaphern. Das einzige konkrete Gottes-Bild, das wir haben, ist Jesus von Nazareth. In dieser Bildlosigkeit kann ich mir dennoch Gottes Hände vorstellen, die mich halten, wenn ich stürze. Gottes Flügel, die mich decken. Ich trete zu Gott in ein Haus aus Licht, das mein Dunkel vertreibt. Gott ist das unerklärliche „Woher meines Lebensmutes". Ich brauche ein Gegenüber, wenn ich glücklich bin, eine EmpfängerIn meiner Dankbarkeit und Freude. Es muss eine Kraft geben, die die Menschheit angesichts ihrer katastrophalen, selbstverschuldeten Tragödien tröstet. Solche Kraft war in Mozart, sagte ein großer Musiker. „*Atheismus ist der Versuch, die Erde ohne die Sonne zu erklären.*“ (Sigismund von Radecki)

Ich gehe in einen Gottesdienst und kann durch die Musik, die Feier, die Worte in den Strom der Solidarität Gottes mit uns Menschen eintauchen. Freilich nicht immer und automatisch. Dieser Strom verbindet mich mit allen Menschen. Nicht nur mit ChristInnen, aber mit ihnen besonders. Ich verstehe Glaube als einen Weg, der mit allem religiösen Sprechen und Handeln letztlich darauf zuläuft, uns zu heilen. Die Zweifel, Schuld und den Selbsthass zu verlieren und in einen mitleidenschaftlichen Menschen verwandelt zu werden. Empowerment! Das Evangelium befähigt uns, „programmiert“ uns zum Guten, zur Gottes- und Menschenliebe. Dort nehmen die Menschen ihre Kraft her, für das Leben zu kämpfen.
Für Barmherzigkeit, die mit der Gerechtigkeit verbunden ist.

Es schmerzt und erregt mich, dass heute ein „militanter Atheismus“ (so Richard Dawkins) gegen die Religionen nicht nur lästert und hetzt, sondern sie aktiv bekämpfen will. In vielen subtilen Versionen werden die Kirchen und Religionen als rückständig und mehr noch, als gefährlich eingestuft. Als Verursacher von Krieg und Gewalt. Ohne Zweifel rauben Missbrauch, Herrschaft und Fundamentalismus den Religionen die Glaubwürdigkeit. Besonders auch der Ausschluss der Frauen. Wir ChristInnen werden heute aber alle undifferenziert in eine Art „Sippenhaft" genommen für alle fundamentalistischen Exzesse der Religionen. Als ob nie etwas Gutes von den Religionen ausgegangen wäre. Vergessen ist es, dass im 20. Jahrhundert ein baptistischer Pfarrer die Bürgerrechtsbewegung in den USA anführte, ein Hindu, Mahatma Gandhi, den Kolonialismus mit Gewaltlosigkeit besiegte, die friedliche Revolution in Deutschland von 1989 ohne die Gebete und Friedfertigkeit nicht denkbar ist, die Apartheid von vielen Kirchenfrauen und-männern mit zu Fall gebracht wurde.

Eine säkulare und wissenschaftsgläubige Religion hat sich ausgebreitet. In der Geschichte der Menschheit hat sich der Mensch aus der Gewalt der Naturkräfte befreit und seinen Verstand entwickelt. Heute stehen wir mitten in der Anbetung des totalen Marktes. Der Mensch hat eine neue Produktionsmethode erfunden, und Produktion und Verteilung zu seinem neuen Götzen gemacht. Er betet das Werk seiner Hände an und macht sich zu einem Diener von Dingen. Er missbraucht den Namen Gottes, der Freiheit, der Humanität und des Sozialismus, er brüstet sich seiner Macht – der Bomben und Maschinen, um seinen Bankrott als Mensch zu verbergen. (Erich Fromm)

Die Naturwissenschaft sagt: Man kann nur glauben – was wäre daran Glauben? – was man in der Petrischale untersuchen oder anderweitig beweisen kann. Als ob es nicht auch ein Glaubenssatz wäre zu sagen: Was man nicht auf diesem Wege beweisen kann, gibt es nicht.

Während ich mich oft beim Fernsehen und Zeitunglesen ärgere, verzweifle, auch schäme, hält mich dieser Gedanke aufrecht: der Ruf, auf den heiligen Boden des Lebens zu treten und zu sagen: Hier bin ich. Schicke mich.

Bärbel Wartenberg-Potter war mit Maria Jepsen und Margot Käßmann die dritte Frau im Bischofsamt einer lutherischen Kirche. Sie hat ihre Arbeit als Möglichkeit verstanden, sich gegen Unrecht zu wenden und engagierte sich beispielsweise in der Anti-Apartheitsbewegung.

Michael Schlierf

WO WORTE AUFHÖREN, FÄNGT MUSIK AN …

In der Musik erleben wir Freude, Trost, Geborgenheit, Kraft und Energie. Sie hilft uns, Emotionen – seien sie negativ oder positiv – in unserer Seele zu verarbeiten und auszudrücken, bei denen Worte nicht mehr ausreichen. Gott ist Schöpfer aller kreativen Musik, aus der ich meine Inspiration empfange.

Michael Schlierf ist Pianist und lebt mit seiner Frau und seinen zwei Töchtern in der Nähe von Stuttgart. Mit seiner Instrumentalmusik engagiert er sich bei verschiedenen sozialen Einrichtungen christlicher Werke und liebt dabei den persönlichen Kontakt.

Eckart Hengstenberg

DIE WAHRHEIT VERSTEHEN, OHNE DAS GEHEIMNIS ZU ENTRÄTSELN

Besonders überraschend an der Bibel ist die Genauigkeit, mit der sie Psychogramme von uns modernen Menschen aufgezeichnet hat. Alle unsere Stärken und Schwächen finde ich dort genau beschrieben. In einem zweiten Schritt gibt die Bibel Hinweise, wie wir unsere Stärken verstärken und unsere Schwächen abbauen können. Sie fasst diese Hinweise in Gebote und Verbote, deren Einhaltung uns oftmals schwer fällt, weil sie unserer natürlichen und egoistischen Lust und Laune zuwiderlaufen. Die Bibel zeigt auch Wege zur Konfliktvermeidung und Konfliktlösung.

All das wird in biblische Geschichten gefasst. Sie sind eine rätselhafte Mischung von historischen Tatsachen und von Gleichnissen, die oft mit orientalischer Pracht ausgeschmückt sind. Die Wahrheit, auf die es ankommt, ist meistens leicht zu erkennen. Ich versuche immer diese Wahrheit zu verstehen, ohne zu versuchen, die Geschichten selbst zu enträtseln.
Die Freude an all dem ist ein Gutteil meines christlichen Glaubens, der meinem Leben seinen Sinn gibt. Und ich bete dafür, dass ich ihn weitergeben kann und dass er mich bis ins Ewige Leben tragen wird.

Eckart Hengstenberg Manches offenbart sich, wie Dietrich Bonhoeffer meinte, wenn man es nicht entblößt, sondern verhüllt lässt. Man muss Abstand wahren können. Das weiß der Unternehmer Eckart Hengstenberg. So vertieft er sich in die Bilder der Bibel und so wird sie für ihn zum Gewinn seines Glaubens und Lebens.

Stefan Zucht

Ich glaube daran, dass es ein Anfang und ein Ende gibt, und ich glaube an das, was irgendwo dazwischen liegt, das wir Leben nennen. Ich glaube an das Mysterium der Idee, die allem zugrunde liegt und fühle die Pflicht dieser Idee, dem Leben, dem Anfang und dem Ende, gerecht zu werden und sie zu füllen – mit weiteren Ideen, mit Leben und mit neuen Anfängen.

Stefan Zucht, alias **Julius Frack** verzaubert seit seinem 15. Lebensjahr das Publikum. Heute ist er Weltmeister in seiner Kunst, der Zauberei. Ihr gehört seine ganze Leidenschaft. Er teilte sie im März 2012 mit 105 Kollegen. Unter seiner Leitung traten sie im Tübinger Landestheater zur größten Zaubershow der Welt auf – und erhielten einen Guinness-Weltrekord-Eintrag. So kunstfertig er die Illusion zu inszenieren versteht, weiß er um die schöpferische Kraft des Geheimnisses.

Thomas Wagner

Ich komme von einem Ausgang mit einem Gefangenen zurück. Wohnungsauflösung. Wieder einmal. Drei Jahre geteilte Hoffnung mit der Lebenspartnerin auf 45 Quadratmetern. Die Konzertkarten an den Zimmerwänden erzählen von gemeinsam Erlebtem. Und dann, kleine Gaunereien mit großer Nachwirkung, Bewährungswiderruf genannt, über ein Jahr Gefängnis. Heraus aus dem eigenen Leben, hinein in eine Zeit, in der Mann gelebt wird. Währenddessen, zunehmende Depression der Freundin, Suizidversuche, Psychiatrie – wir haben sie auf der geschlossenen Abteilung besucht. Aufbewahrt, weich gemacht, andere

werden über ihren Lebensweg bestimmen. Wohnungsauflösung. Ende. Mein Wertesystem flüstert unablässig: zerbrochenes Leben. Ich komme total erschöpft im Gefängnis an. Ich gehe in die Kirche. Ein paar Augenblicke weniger sehen, weniger wegstecken, Atem holen. Ich denke an meinen Garten zuhause. Wenn ich nur dort sein könnte. Er ist voller Grün, er lebt. Aus jeder Ritze wächst Hoffnung und sprießt Lebenskraft. Alles dort ist mir liebevoll vertraut, meine Frau kennt sogar die Namen der Pflanzen. Ich habe mich an meiner Welt mit ihren Menschen und Schönheiten festgeklammert, wie ein kleines Kind am Hals seiner Mutter. Ich darf im Schatten eines großen Baumes ruhen. Dort bekomme ich Lebenskraft. Wohnungsauflösung. Mit welchem Gleichmut mein Begleiter das Zerstören seiner kleinen Welt hingenommen hat. Ein paar Unterhosen und T-Shirts, Duschmittel und Rasierklingen, mehr hatte in seiner zerknitterten Einkaufstüte nicht Platz.
Wie sehr hänge ich an der Fassade meines Lebens, an wohl aufgestellter Bürgerlichkeit. Ich brauche so vieles zum Leben und ich bin nicht immer dankbar dafür, dass ich es haben darf. Wie es ihm wohl geht? Längst hat die Menschenmaschine Gefängnis den Mann wieder geschluckt. Entkleidet und Bekleidet. Er wird jetzt in seiner Zelle liegen, eine dünne Zigarette, mehr Papier als Tabak, zwischen den

Lippen. Sicher läuft irgendeine Vorabendserie von den Schönen und Reichen im Fernsehen. Vielleicht klingen noch die Berührungen seiner Freundin in ihm wie eine ferne Melodie. Vielleicht spürt er noch die Ausdruckslosigkeit ihrer Lippen, als er sie zum Abschied geküsst hat. Ich werde die beiden lange nicht vergessen. Zwei aufgelöste Menschen, voller ergreifender Menschlichkeit. Sofort klopfen laute Stimmen bei mir an: Sentimental, sozialromantisch, so kann nur der Sichere reden. Mag sein. Ich habe Leben und zärtliche Liebe und noch etwas anderes gespürt.

Thomas Wagner ist seit über 16 Jahren evangelischer Gefängnisseelsorger in der JVA Rottenburg. Er ist 54 Jahre alt, verheiratet und hat eine Tochter. Zuvor war er Schreiner und Gemeindepfarrer. Er glaubt, dass überall dort, wo Freundlichkeit und Wertschätzung die Beziehung von Menschen bestimmen, von Gott geschenktes Leben gelingen kann. Auch im Gefängnis.

Wolfgang Vorländer

Ich bin ein Glaubensfrosch, der in keinen Glaubenstümpel passt. Jedes Glaubens-Biotop habe ich nach einer Weile verlassen, um wieder atmen zu können. Doch hatte ich dabei jedes Mal das Gefühl, dem Mann aus Nazareth zu folgen.

Ich glaube nicht mehr unbesehen an die kirchlichen Dogmen und Glaubenswahrheiten. Sie sind für mich wie eine Kathedrale kirchlicher Herrschafts-Zeiten, in der ich heute friere. Ich glaube nicht mehr an einen Gott, der alles „gemacht" hat, ein XXL-Individuum, das alles richtet. Überhaupt weigere ich mich, etwas zu „glauben", was mir nicht einleuchtet. Ich glaube, dass wir über Gott nicht Bescheid wissen. Denn wir Menschen sind Erdlinge. Die Nichterkennbarkeit Gottes ist unsere eigentliche und universale Gotteserfahrung. Gerade diese Einsicht aber wäre das Ende aller religiösen Projektionen und aller Glaubenskriege!

Doch ich glaube, dass alles von Gott umfangen und durchflutet ist: das Universum, die Geschichte der Evolution, die Erde und alles, was darauf lebt.
Ich stelle mir vor, wir befinden uns in Gott, wie in einem Mutterleib. Kann ein Kind im Mutterleib seine Mutter beschreiben? Weiß es, wie sie aussieht? Und doch hört es das Pochen ihres Herzens und schmeckt den Geschmack des Fruchtwassers. Und es vermag bereits zu spüren, ob es willkommen und geliebt ist.
Ich glaube daran, geliebt zu sein, geborgen und in dieser Geborgenheit frei.
Ich bin kein Vogel im Aquarium. Ich werde daher immer „ungläubiger" im Blick auf vieles, was Menschen zu glauben bereit sind. Ich werde wohl auch ein bisschen einsamer dadurch. Aber hinter dem Horizont warten Schätze. Und jede Häutung macht innerlich jung.
Irgendwie klebe ich Jesus an den Fersen.
Ich brauche dafür keinen metaphysischen Christus. Es reichen die poetischen und subversiven Bilder, in denen Jesus sprach und aus denen er lebte.
In diesen Bildern verankere ich mich.

Und was nach dem Sterben kommt, weiß ich so wenig, wie sich das Kind im Mutterleib das Leben „danach“ vorstellen kann.
Aber auf eine Geburt läuft es wohl hinaus!

Wolfgang Vorländer Mögen wir Schubladen nötig haben, Gott lässt sich nicht einkasteln. Das ist die Glaubenserfahrung von Wolfgang Vorländer. Er ist Autor, Coach, Geistlicher, Dozent und überhaupt viel herumgekommen. Vielleicht weil er viel gesehen hat, weiß er, wie wenig uns von Gott bekannt ist. Aber das Wenige reicht aus, mehr als alles.

Christoph Sonntag

Ich glaube an Gott. Nicht an Religion. Ich bin evangelisch im schwäbischen Pietismus, im Remstal aufgewachsen. Um ehrlich zu sein, erinnere ich mich dabei erstmal an schwere Stunden: in der „Stond“ der „Landeskirchlichen Gemeinschaft“ und auch in der Jungschar wurde ich als Kind mit einem übermächtigen Gott konfrontiert. Dieser Gott, der uns so liebt, dass er sogar seinen Sohn für uns opferte, hatte zwar viele wunderbare Dinge erschaffen (Lange Haare, Rockmusik, Alkohol, Diskos, Mädchen,

Sexualität) – und doch waren es alles offenbar nur süße Fallen! Tappte man hinein – und man tat es natürlich regelmäßig – dann hatte der Gott, der uns liebte, vor, uns später als Sünder in die Hölle zu werfen, uns die Haut abzuziehen und uns über dem Feuer zu rösten.

Das passte für mich nicht zusammen und machte mir Angst. Dann kam im Religionsunterricht Martin Luther auf mich zu; ein Mensch, der hier steht und nicht anders kann. Einer, der sich traute, diesem Gott liebevoll und selbstbewusst in die Augen zu schauen. Einer auf der Suche nach einem persönlichen Gott. Diese Begegnung hat mein Verhältnis zur Religion abgekühlt, aber das zu Gott vertieft, und so muss es meiner Meinung auch sein. Als Kabarettist lautet mein Lieblingszitat von Martin Luther: „Wenn Gott keinen Spaß verstünde, so möchte ich nicht im Himmel sein!"

Seit meinem persönlichen Kontakt zu Professor Dr. Hans Küng bin ich voll seiner Meinung: ohne Religionsfrieden keinen Weltfrieden, was auch das Leitmotiv seiner „Stiftung Weltethos" darstellt. Ich werde zornig, wie Jesus im Tempel, als er die Geldwechsler rausschmiss, wenn ich sehe, wie Religionsführer den lieben Gott in einen kleinen, menschlichen Kasten sperren und mit Angst und Unterdrückung

Politik machen. Meiner Meinung nach sind Religionen der Versuch, die Farbenpracht einer Blumenwiese in einem Schwarz-Weiß-Film darzustellen, oft genug unscharf und verwackelt.

Wen aber wirklich interessieren sollte, was ich glaube, der lese die Bücher von Neale Donald Walsch „Gespräche mit Gott“.

Der Schwabe, heißt es, tut sich mit dem Lachen schwer. Wer **Christoph Sonntag**, 52, Autor, Kabarettist und Echt-Schwabe kennt, kann das nicht recht glauben. Er versteht viel Spaß, aber kennt auch den Ernst des Lebens und seine Größe. Es steht dem Leben gegenüber mit Witz und Bewunderung. Mit seiner „Stiphtung Christoph Sonntag“ stemmt er zahlreiche Projekte, vornehmlich in Baden-Württemberg.

André Gatzke

Ich glaube an den Glauben.
Ich finde es wichtig, dass Menschen an etwas glauben!
Ich glaube an meine Familie, das Gute im Menschen, meine Freunde, mein Leben und an mich.
Jeder sollte an das glauben (dürfen), was er für richtig hält.
Ich glaube, dass Gott das auch so sieht.

André Gatzke hat ein Herz für Kinder. Er vermittelt ihnen als Moderator auf Ki.Ka und beim WDR kurzweilig, was man so über Tiere, Klaviere oder Kniebeugen wissen kann.
Für Bewegung, Sport und Ernährung hat er besonders viel übrig. Vor seiner Fernsehlaufbahn leitete er eine ergotherapeutische Praxis.

Ute Vogt

JETZT UND HIER

Jeder Mensch kann jeden Tag dazu beitragen, die Welt ein bisschen besser zu machen. Daran glaube ich!

Verantwortung braucht Vertrauen. Als Politikerin vertraut die Bundestagsabgeordnete **Ute Vogt** darauf, dass Verantwortung letztlich nicht Sache einzelner Spezialisten ist, sondern stets die Sache aller.

Patricia Oedell

Ich glaube, dass gutes Essen auf der Welt für alle Menschen zugänglich sein muss. Ich glaube daran, dass Männer und Frauen überall auf der Welt gleichberechtigt leben müssen. Ich glaube daran, dass der Einzelne in seinem eigenen Umfeld sorgen, pflegen und lieben muss. Ich glaube daran, dass Menschen überall Menschen sind, mit Stärken und Schwächen. Ich glaube daran, dass die Alten so viel zu geben und zu erzählen haben. Ich glaube daran, dass Tiere so viel mehr fühlen und sehen, als wir verstehen.

Patricia Oedells Herz ist groß; sie setzt sich ehrenamtlich ein für Kinder mit Hochbegabung und ADHS sowie Theaterkunst mit Breitenwirkung in ihrer Heimatstadt Villingen. Dort lebt sie mit Mann, Kindern und einem beinahe reinrassigen Labrador.

Gerhard Raff

CREDO

Mit dem „Credo“ halte ich es mit dem „wahrhaft Newton’-schen Kopfe“ und Vetterle Philipp Matthäus Hahn (1739–1790, seines Vaters Schwester Maria Dorothea ist Wilhelm Maybachs und meine Urahne):

„Credo ergo cogito.
Cogito ergo sum.
Sum ergo credo.
Credo ergo beatus sum.“
(Espressione tedesca:
Ich glaube – also denke ich.
Ich denke – also bin ich.
Ich bin – also glaube ich.
Ich glaube – also bin ich fröhlich.)

Und bin da mit meinen literarischen Leitsternen Matthias Claudius (1740–1815) und Johann Peter Hebel (1760–1826) und Thaddäus Troll (1914–1980) ein Herz und eine Seele und eines Geistes und tröste mich im finstern Tal allezeit mit meiner filderbäuerlichen Großmutter Luise Raff

(1887–1980), die mir schon als Kind im Kuhstall Hölderlin und Mörike, Bibelverse und Landesgeschichte(n) beigebracht hat: „No koi Angst! Aoser Herrgott woiß schao, warom. Er wird's schao reacht mache."

„Wir können alles außer Hochdeutsch!" Wen schert's?, sagt sich **Dr. Gerhard Raff** und schreibt, wie ihm der Schnabel gewachsen ist. Mit seinem schwäbischen Klassiker „Herr, schmeiß Hirn ra!" ist er der auch weltweit „meistgelesene Dialektautor der Gegenwart." Was er zu sagen hat, teilt er wahlweise mit, auf Schwäbisch oder Standard, je nachdem wie die Weisheit daherkommt; manchmal lässt es sich einfach geschickter in Mundart sagen.

Uwe Metz

Was ich glaube? Ich glaube, dass sich jeder Mensch insgeheim danach sehnt, eine Geschichte zu haben, die er weitererzählen kann. Seine Geschichte für andere. Wir rechnen das Leben allzu oft nach der Menge der Erfolge auf, mit der Konsequenz, dass wenn diese ausbleiben, wir eine negative Bilanz ziehen. Wir sind aber mehr als Börsenmakler unserer selbst. Viel mehr. Ich schaue auf die Geschichte, die ich erzählen kann. Und ich glaube fest, dass meine Geschichte eingewoben ist in die Geschichte eines Größeren. Das erfüllt mich.

IMMERHIN DIES

Jetzt
wo wir
vor lauter Klugheit
den Glauben dreingaben
und Gott abschafften
merken wir
dass uns etwas fehlt:
Hoffnung

Wir wissen
alle Klugheit hilft uns
nicht auf
aus diesem Mangel
Deshalb: umso fester
glauben wir an sie.
Dieser Glaube bleibt uns
Immerhin
Am Ende

Das Leben wird sichtbar in Geschichten. **Uwe Metz** ist erpicht auf Geschichten, kommt er doch aus dem Land, in dem die Brüder Grimm ihre Märchen sammelten. Seine Liebe zu Geschichten ließ ihn Buchhändler und Schriftsteller werden.

Myriam Menter

Vor einiger Zeit fragte mich ein Freund, ob ich in diesem Buch einen Beitrag schreiben möchte. Nach kurzem Zögern sagte ich unter Vorbehalt zu. Es gingen mir Gedanken durch den Kopf wie: „Weiß ich wirklich, woran ich glaube oder auch nicht glaube?" „Wie finde ich heraus, woran ich glaube?" und „Wenn ich tatsächlich glaube zu wissen, was ich glaube, möchte ich das dann auch hier veröffentlichen?" und „Was haben andere davon?".

Für eine erste Gedankensammlung erzählte ich meinen Freunden und Kollegen von diesem Projekt, alle fanden es sehr interessant – aber auch sehr schwierig.

Ein erstes Fazit war:
Ich glaube an das Gute im Menschen – auch, wenn es manchmal schwer fällt!

Auch wenn ich mich über das Verhalten von anderen ärgere oder aufrege, versuche ich letztendlich, das Gute in jedem zu sehen und dementsprechend „Fehlverhalten“ des anderen zu positivieren. Ich glaube, dass jeder Mensch wertvoll ist, man daher miteinander „wertschätzend“ umgehen soll.
So versuche ich, mein Leben, meinen Alltag, das tägliche Miteinander mit anderen Menschen zu leben.

Doch ich hatte die Frage meines Freundes so verstanden, ob ich im religiösen Sinn glaube? „Glaube ich wirklich an Gott? Oder an eine Göttin? Oder an ein höheres Wesen?“
Dann die Frage, glaube ich an einen liebenden oder strafenden Gott, Göttin, Wesen?
Wenn ja, woran genau? Und auch wieder die Frage, möchte ich das jedem, der dieses Buch liest, kundtun? Oder was

möchte ich anderen, die dieses Buch lesen, mitteilen und warum? Nach dem ich wochenlang darüber nachgedacht habe, kam ich auf die Idee, mal im Internet zu googeln und tatsächlich wurde ich fündig unter: http://blog.br.de/woran-glauben/2013/12/11/woran-glaubst-du-wirklich-mach-den-cred-o-mat/

Dort steht: Woran glaubst du wirklich? Mach den CRED-O-MAT! Und als einleitender Text steht hierzu: Wer weiß heute eigentlich noch genau, woran er glaubt? Mach den Test und Du bekommst Anregungen dazu – alles basierend auf der langjährigen Religions- und Sinnforschung von Dr. Tatjana Schnell, von der Universität Innsbruck. Aber Vorsicht: Dieser Test wird Dir nicht sagen, welche Religion zu Dir passt, dass musst Du dann selber entscheiden.

Gesagt, getan, Test gemacht ... hilfreich, um herauszufinden, woran man generell glaubt oder nicht glaubt ... auch interessant, die Posts der Leute zu lesen, die den Test gemacht haben. Dabei stelle ich wie so oft, wenn ich auf Facebook lese, fest, dass viele Menschen sehr persönliche Dinge irgendwo posten, wo sie jedermann und -frau lesen kann. Warum tun sie das? Warum nutzen so viele Menschen Telefon- und E-Mail-Beratung?

Meine persönliche Frage nach meinem Glauben habe ich (ohne diesen Test) für mich beantwortet und auch die Frage, ob ich dies hier allen mitteilen möchte. Nein! Ich denke, man muss nicht alles allen kundtun. An was oder wen ich glaube und warum, ist für die hier Lebenden nicht von wirklichem Interesse. Wichtig ist für mich der Glaube an die Menschen, an ein wertschätzendes, friedliches, tolerantes Miteinander im Austausch, gegenseitige Achtung und Kümmern!

„Wir kommen ins Gespräch, weil wir sprechen, nicht schreien." So beschreibt die Juristin **Dr. Myriam Menter** die Arbeit des ADHS-Deutschland e. V., des größten Selbsthilfeverbandes für ADHS-betroffene Menschen in Deutschland. Engagiert, eloquent und lebensnah steht die gebürtige Rheinländerin als Geschäftsführerin ADHS-Deutschland vor und bemüht sich, über das nach wie vor umstrittene Phänomen ADHS aufzuklären und zu informieren.

Roland Mack

Ich glaube an die Kraft der Ruhe. Diese Momente, die uns zum Innehalten einladen und uns zeigen, wie kostbar Stille ist. Genau diese Momente kann man auch zwischen Achterbahnen und Attraktionen im Europa-Park erleben: Die norwegische Stabkirche im Skandinavischen Themenbereich ist ein idealer Ort dafür. Nach aufregenden Fahrten haben Parkbesucher hier die Möglichkeit, ihren Gedanken freien Lauf zu lassen. Als Inhaber von Deutschlands größtem Freizeitpark liegt es mir stets am Herzen, den Besuchern und Mitarbeitern neben vielseitiger Unterhaltung auch christliche Werte zu vermitteln. Dass Spaß und christlicher Glaube sich nicht ausschließen, ja sogar ergänzend wirken können, wusste bereits Papst Johannes XXIII. Von ihm stammt das Zitat: „Es ist kein Blumenbeet so wichtig, dass man nicht ein Karussell für Kinder darauf stellen könnte!“ Die Glaubensaussagen des Neuen Testaments, etwa aus der Bergpredigt oder dem Korintherbrief (1. Kor. 13), lassen sich für mich zu den „vier M“ zusammenfassen: „Man muss Menschen mögen!“. Ich glaube an die Kraft dieses Satzes.

Unsere Familie ist gläubig. Dafür bin ich gerade meiner Mutter sehr dankbar, die uns in diesem Sinne erzogen hat. Für die Kirche bedeutet unser Engagement eine große Chance. Denn sie will dorthin gehen und wirken, wo die Menschen sind – wie etwa bei uns im Europa-Park. Die Besucher suchen hier zwar zunächst Spaß und Nervenkitzel, aber in Momenten der Stille gehen sie in sich und sind offen für die Fragen ihres Lebens. Ich glaube an genau diese Kraft der Ruhe, die so inspirierend ist.

Niemand würde leugnen, dass das Leben manchmal eine Achterbahnfahrt ist. Aber **Roland Mack** hat dieses Bild auf ganz eigene Weise gedeutet und den größten Freizeitpark Deutschlands aufgebaut. In spektakulären Achterbahnen kann man sich im Europa-Park, Rust vergnügen. Doch weil er die bunte, vergnügliche Seite des Lebens so gut kennt, kann er umso mehr die andere Seite schätzen: Die der Stille.

Giovane Élber

Ich glaube immer an Gott. Wenn viele Leute mit Liebe im Herzen glaubten, dann hätten wir eine bessere Welt.

Giovane Élbers Liebe gilt nicht nur dem Fußball, sondern auch den Kindern auf den Straßen seiner Heimat Brasilien. Kicken, helfen, spenden, das gehört für ihn zusammen.

Peter Jakobeit

Eigentlich ist die Frage „Woran glaubst Du?“ eine subtile Falle. Wer sich dazu entschließt, sie zu beantworten, hat bereits einem grundsätzlichen Problem die Absolution erteilt: nämlich dem, dass der Begriff „Glaube“ keine Chimäre, kein philosophisches Theoretikum, sondern eine dem Menschen innewohnende Fähigkeit ist.

Das kann man auch anders sehen. „Glauben heißt: nicht wissen“ ist ein geflügeltes Wort. Dahinter verbirgt sich ein mechanistisches Weltbild: Ratio und Erratio. Entweder der Mensch weiß, oder er weiß nicht, sondern vermutet bestenfalls. An das Glauben zu glauben, gleicht einem Perpetuum mobile. Die Idee, das Glauben zu verneinen, atmet andererseits zu viel Apodiktisches, um restlos zu überzeugen. Dieses vorausgeschickt, gebe ich gerne zu, dass ich ein Freund des Glaubens bin.

Ich glaube an die Existenz eines singulären gestaltenden Prinzips in der Welt, die wir erleben. Es erscheint mir dabei folgerichtig, dass sich dieses Prinzip nicht zu erkennen gibt, es verlöre sofort an Wirkmächtigkeit. Die Aufforderung, „du sollst dir kein Bildnis von mir machen“, leuchtet mir unmittelbar ein. Die Bejahung des Prinzips geht zwingend einher mit einer ihm zugewiesenen Gestaltungskraft. (Ohne diese müsste seine Existenz konsequenterweise verneint werden.)

Daraus erwächst natürlich die Frage, an welchen „Früchten“ eine Wirkung entdeckt werden kann? Erst einmal dadurch, dass ich mich selbst, in Abgrenzung zur Welt, in der ich lebe, überhaupt erkennen kann. Das meinte Descartes unter anderem mit seinem berühmten Diktum „Ich denke, also bin ich.“ Das Denken separiert mich von allem ande-

ren als mir selbst. Noch weiter geht, fein ironisiert, die amerikanische Schriftstellerin Gertrude Stein: „Ich bin, weil mein kleiner Hund mich kennt."
Beide Male geht es um das Erkennen des eigenen Selbst – was den Glauben an dessen Existenz voraussetzt.
Wenn etwas ist, dann hat es sowohl eine Daseinsberechtigung (da könnte man bei Leibniz weiterlesen) als auch eine Daseinsverpflichtung (dazu hat wiederum Kant so einiges gesagt). Ich für meinen Teil sehe in der Berechtigung eine eher theoretische Debatte aufscheinen, bei der Verpflichtung hingegen praktische und unmittelbare Lebensgestaltung eingefordert.
Ich verweigere mich dem Gedanken, mein Leben dahingehend zu interpretieren, mich von dem von mir akzeptierten Prinzip zu entfernen. Einleuchtender ist mir, es zu verteidigen; besser, es mit eigenen Beiträgen auszugestalten.
Hier beginnt für mich die Brücke zu Bereichen, die ethischer oder gar moralischer Natur sind. Gefährliches Gelände, wahrhaftig.
Da dieses Prinzip nicht als diktatorisches Gesetz verstanden werden kann, beinhaltet es automatisch unterschiedliche Möglichkeiten der Annäherung. Solche Unterschiedlichkeiten führen dann zwangsläufig zu Vielfalt. Vielfalt wiederum ist gleichbedeutend Veränderung, Wachstum, Evolution.

Wir haben eine Wahl. Wir können uns für das Dunkle oder das Hellere, für das Langsame oder das Flotte, letztlich für das Leben oder den Tod entscheiden. Ich glaube, von dieser Wahl hängt viel ab, das weit über uns selbst hinausweist. Kurz: Ich glaube, das Glauben ist letztlich Ursache unserer Existenz. Und ich will diesem weiter oben erläuterten Prinzip wirklich keinen Namen geben, nicht Gott, nicht Natur, nicht Gaia. Das spielt keine echte Rolle. Es soll nicht illustriert, sondern gelebt sein.

Peter Jakobeit ist ein umtriebiger Arbeiter im Kulturweinberg der baden-württembergischen Landeshauptstadt. Der ehemalige Buchhändler führt die Geschäfte der Kulturgemeinschaft Stuttgart.

Danny Fresh

Glauben heißt vertrauen. Und in diesem Sinn glaube ich an Gott. Ich vertraue ihm. Ich vertraue darauf, dass er es gut mit mir meint, dass mir alle Dinge zum Besten dienen müssen und dass mich nichts von seiner Liebe trennen kann.

Der Rapper **Danny Fresh** kennt „zu viele Poser und zu wenig Menschen mit Berufung“. Aber wer seine Berufung sucht, braucht, was die Poser nicht haben: Vertrauen. Damit ist Danny on stage unterwegs in workshops an Schulen und als Dozent der Popakademie Stuttgart.

Siegfried Fietz

Mein Credo: Ich glaube an Gott den Vater, an Jesus Christus, den Heiligen Geist und das ewige Leben. Schon als Kind habe ich, wie alle anderen auch, dieses Gebet nachgesprochen. Aber erst als Jugendlicher kam ich dieser großen Dimension ein entscheidendes Stück näher.
Es war ein bewusster Glaubensschritt, bei dem mir ältere Gemeindemitglieder von bedeutender Hilfe waren. Ja, und auf einmal konnte ich es glauben, dass Jesus auch für mich gestorben und auferstanden ist.
Es war das entscheidende Schlüsselerlebnis in meiner Jugend. Und es hatte Konsequenzen.
Der Glaube an Gott gehört für mich seitdem so selbstverständlich zu meinem Leben, wie Essen und Trinken. Davon

singen meine Lieder, erzählen meine Bilder und Skulpturen. Alle Hilfsprojekte, die ich begleiten darf, haben hier ihren Ursprung. Glaubhaft leben, lebhaft glauben. Das ist Verpflichtung und Ansporn zugleich. Aus dem Glauben entsteht Bewegung. Es ist eine großartige Aufgabe, mitzuhelfen, dass Leben hier gelingt und Menschen das große Ziel, den Himmel, erreichen.

Siegfried Fietz Er ist gewiss einer der bekanntesten Liedermacher des modernen christlichen Liedes in Deutschland. Man kennt den gebürtigen Siegener als den Komponisten des Liedes „Von guten Mächten“, aber er ist auch als Bildhauer und Künstler tätig. Glauben ist für ihn Bewegung und davon lebt seine Kunst: bewegt durch den Glauben.

Volker Beck

MEIN GLAUBE

Vier Dinge kommen mir in den Sinn.

- Ein Kirchenlied aus Kindertagen:

  „Oh, dass ich einen Glauben hät‘,
  der selbst in größter Not,
  nicht schwankt, nicht zweifelt,
  der nichts kennt,
  als GOTT und sein Gebot.“

- Das Paulus-Wort vom Glauben, der der Hoffnung Gewissheit gibt
- Die Geschichte vom ungläubigen Thomas.
- Und die Frage, warum soll ich als Politiker etwas Bedeutendes zu diesem Thema beizutragen haben und „ist mein Glauben nicht eigentlich meine Privatangelegenheit?"

Politiker, die ihren Glauben demonstrativ vor sich hertragen und damit politisieren, sind mir immer suspekt. Das persönliche Verhältnis zum Glauben und zu Gott ist eben etwas Persönliches. Politiker sind per se in Glaubensfragen nicht kompetenter und im moralischen Handeln nicht besser und schlechter als andere Menschen, zumal die Frage in der demokratischen Gesellschaft immer offen für eine Debatte sein muss: Was ist die geltende und was ist die gültige Moral?
Politiker sollten deshalb den Forderungen von Medien und Zivilgesellschaft widerstehen, sich als Vorbilder und säkularer Heiligenersatz anzubieten. Sie sind eben erstaunlich repräsentativ für das Volk, das sie vertreten. Sie haben Fehler, Zweifel, Brüche, Laster und Unzulänglichkeiten wie andere auch. Im besten Fall kämpfen sie ernsthaft und mit aller Kraft für die Politik, um deren Zustimmung sie

werben. Und allein daran sollten sie gemessen werden. Hier also my two cents:

OH MEIN GOTT!

„Gott ist Liebe", schreibt der Autor des ersten Johannesbriefs. So stelle ich mir Gott vor, als Prinzip von Leben, Wahrheit und Liebe, und kann Ihn/Sie doch so auch nicht wirklich fassen.

Gott, der Liebe ist, ist aber sicher barmherziger und gnädiger als das, was uns Generationen von Kirchenlehrern und Theologen glauben machen wollten. Rechtgläubigkeit als Voraussetzung von Gnade, Erlösung und Heil? Dem kann ich nicht folgen. Viele theologische Gedankengebäude haben eine faszinierende Schönheit. Als Wege von Menschen zu Gott sind sie zu respektieren. Aber als Kriterien zum Ausschluss vom Heil? Dazu hat der Streit um den wahren Glauben schon zu viel Unheil auf der Welt gestiftet.

Jesus sagte: „Du sollst lieben Gott, deinen HERRN, von ganzem Herzen, von ganzer Seele und von ganzem Gemüte. Dies ist das vornehmste und größte Gebot. Das andere aber ist ihm gleich: Du sollst deinen Nächsten lieben wie dich

selbst." In diesen zwei Geboten hängen das ganze Gesetz und die Propheten. Dieses doppelte oder eigentlich dreifache Liebesgebot ist das anspruchsvollste Programm für die menschliche Existenz, das man sich denken kann, zumal wenn man den Nächsten auch als Feind, Gegner und Konkurrenten denkt. Es fasst zusammen, was die Zehn Gebote an Mose, das Vater Unser oder die Seligpreisungen der Bergpredigt entfalten.
An der Erfüllung dieses Gebotes kann man nur scheitern und doch lohnt es sich jeden Tag auf's Neue, sich an diesen Auftrag zu erinnern. Ob dabei die Liebe zu Gott, die Liebe zum Nächsten oder die Liebe zu uns selbst die größte Herausforderung ist, ist ein Geheimnis, das wir für uns behalten dürfen.

DER UNGLÄUBIGE THOMAS

Woran ich nicht glauben kann und will? Dass Gott eine Art Übermensch ist und wie zu Beginn des Buches Hiob mit dem Teufel über die menschliche Existenz rechtet. Dass er Menschen, die er zu seinem Bild und Gleichnis geschaffen hatte, wieder verwerfen könnte, weil sie falsch sind oder nicht glauben. Dass dieses Bild und Gleichnis mit Begriffen aus menschlicher Geschichte adäquat beschrieben werden kann.

Und wenn ich dann so zweifelnd bin, erinnere ich mich, dass Gott auch die Zweifelnden und Ungläubigen liebt.
Hat er nicht in der Geschichte des ungläubigen Thomas sich der Zweifler erbarmt? Thomas, der den Auferstandenen nicht erkennen wollte, hat er die Gnade erwiesen, seinen Zweifeln zu folgen: Er hat von Thomas nicht verlangt, blind zu glauben, sondern hat ihm die Gnade gewährt, die Wunden des Auferstandenen zu berühren. Wird Gott mehr verlangen von den Zweiflern und Ungläubigen unserer Zeit?
Ich glaube nicht.
Ich gestehe: Ich bin auf dem Weg und sage:
„Ich glaube; hilf meinem Unglauben!“

Glauben mit wachem Blick – der Bundestagsabgeordnete und religionspolitische Sprecher von Bündnis 90/Die Grünen **Volker Beck** hat viel gesehen und weiß um seine Grenzen und die Grenzen des Glaubens. Aber auch um die Möglichkeiten beider. Im Wissen um Grenzen und Möglichkeiten bleibt er wachsam und setzt sich politisch dort ein, wo er Schieflagen sieht, sowohl in Deutschland als auch darüber hinaus.

Martina Ehrlich

Ich glaube an das, was ich „hinter" dem Offensichtlichen der Menschen, der Begebenheiten und im Alltag meines Lebens fühle. Früher war da nur so eine Ahnung, irgendwo in meinem Kopf und meinem Herzen – wie ein Versprechen. Dass hinter allem Greifbaren, Äußerlichen eine Kraft steht, die alles zusammenhält und die durch alles hindurch leuchtet. Ich glaube an den positiven Sinn des Älterwerdens, denn mit den Jahren lehrte und lehrt mich das Leben immer mehr, der Ahnung von damals zu trauen. Mich einzulassen auf das Nichtmessbare zwischen Menschen und Menschen, sowie Menschen und Dingen. Ich durfte in einer schweren Zeit ein „Licht" in mir wahrnehmen, das einfach da war, das mich selbst überraschte; einen stillen Ort in meinem Innern, der unantastbar ist und unabhängig von allen äußeren Umständen. Ja, daran glaube ich – an das Licht in jedem Menschen. Und damit an das Gute in jedem Menschen. An eine zweite Chance für jeden, immer wieder neu. Ich glaube an das größte persönliche Menschenglück im Geben an einen anderen. Ich glaube an das Geburtsrecht auf Glück und Freiheit für jeden Menschen. Ich glaube an die Liebe und an Lebenswunder, denn sie sind da – in mir und um mich herum.

Martina Ehrlich hat ihre Leidenschaft zum Beruf gemacht. Als Reisebegleiterin ist sie unterwegs von Feuerland bis Usbekistan und von St. Petersburg bis Sao Paulo. Sie findet überall auf der Welt Lebenswunder.

Beatrice Binder

„Wo eine Türe zugeht, tut sich eine andere auf." Was ich erlebe oder erfahre an Gutem oder Schlechten bringt mich weiter, lässt mich innehalten und macht mich stärker beziehungsweise zu der, die ich heute bin. Mein Glaube und Leben ist voller Hoffnung.

Beatrice Binder ist Medienkauffrau und studiert neben ihrem Beruf Betriebswirtschaft. Sie kann Schwäbisch aus dem FF, liebt das Leben, aber weiß, manchmal geht es ohne Glaubenshoffnung nicht weiter.

Cornelia Fritsch

Ich glaube an die Liebe und das Leben. Ich glaube daran, dass alles einen Sinn hat, auch wenn ich ihn im Moment noch nicht immer verstehe.
Wie oft habe ich erst beim Zurückschauen begriffen, „genau so musste es sein". Diese Menschen musste ich treffen. Diese Erfahrungen musste ich machen. Diese Zeiten musste ich durchleben. Sie haben mich weitergebracht auf meinem Weg zu mehr Selbst-Bewusstsein und Lebensfreude. Durch sie wuchsen meine Achtung und Empathie für meine Mitmenschen, meine Liebe zu meinen Nächsten. Sie formten meinen Glauben an das Gute in der Welt, mein Verständnis für die Natur, für Kunst und Kultur.
Ich glaube an die Liebe und das Leben, das Einer unendlich sanft in seinen Händen hält.

Cornelia Fritsch ist eine Bücherfrau par excellence. Als Projektleiterin liegt ihr jene Literatur am Herzen, die Sinn macht und Sinn gibt.

Gisela Friedrichsen

WORAN GLAUBE ICH?

„Die Wahrheit hat ihre eigene Kraft", sagte mal ein kluger Strafverteidiger. Ich will das mit einem Beispiel verdeutlichen und damit die Frage beantworten:

Ich habe 1989 ein Buch über den Prozess gegen den Gynäkologen Horst Theissen veröffentlicht, der gegen den damals gültigen Paragraphen 218 verstoßen hatte. Zehn Jahre später, 1999, äußerte sich der damalige Vorsitzende der Deutschen Bischofskonferenz Karl Lehmann über die Zukunft der kirchlichen Schwangeren-Konfliktberatung in einem SPIEGEL-Gespräch und kam dabei auch auf dieses Buch zu sprechen:

„Ich habe Ende 1989 auf dem Flughafen in Zürich das Buch Ihrer Mitarbeiterin Gisela Friedrichsen ‚Abtreibung. Der Kreuzzug von Memmingen' gekauft. Das hat mich erschüttert: die soziale Lage der dort beschriebenen Frauen und das, was da steht über die Schichten, aus denen die Frauen kamen und unter was für einem unglaublichen Druck sie standen. Da habe ich begriffen: Diese Menschen kenne ich so gar nicht – leider. Das war wirklich zum Erbarmen, wenn man das gelesen hat. Das war für mich ein sehr aufklärendes Buch, ich habe nur gesagt: ‚Mein Gott!'"

Daraufhin setzte sich der damalige Limburger Bischof Franz Kamphaus in kirchliche Beratungsstellen und hörte den Frauen selbst zu. Mit der Folge, dass die Kirche in seinem Bistum in dem staatlich geregelten Beratungssystem verblieb und sich nicht, wie es der Vatikan später verlangte, daraus zurückzog. Kamphaus bekam schließlich von Rom einen Koadjutor zur Seite gestellt. Roma locuta, causa finita.

Wenn es auch bisweilen dauert und Mut und Zuversicht aufzubringen sind: Ich glaube an die Kraft der Aufklärung, dieser Verbündeten der Wahrheit. Es gibt dazu keine Alternative.

Die Mechanik der Wahrheit – **Gisela Friedrichsen**, Deutschlands bekannteste Gerichtsreporterin, weiß wie diese Mechanik funktioniert. Die Münchnerin schreibt für den Spiegel.

Gaby Hauptmann

GLAUBE IST MENSCHLICH

Glaube hat viele Seiten. Ich glaube, niemand geht für immer. Als ich Kind war, erklärte es mir mein Vater so: Er zeigte mir eine Kerze und sagte: „Schau dir die Kerze an! Die Flamme brennt. Verlöscht sie, ist der verstorbene Mensch dennoch da, wie die Energie der Flamme." Er ist gegenwärtig, so verstand ich meinen Vater, bloß in einer anderen

Form (nennen Sie es Seele), und er begleitet auf diese Art seine Lieben, beschützt sie, die Metapher für einen Schutzengel, was auch immer ..., jedenfalls ein sehr tröstlicher Gedanke. Ich denke oft an dieses Bild und bin dankbar dafür. Mein Vater war mir ein Glaubensvorbild. Ebenso wie meine Mutter und meine Großmutter. Für meine Eltern und meine Großmutter zeigte sich Glaube als Nächstenliebe, also in der Tat. Darin sind sie ein Beispiel für mich geworden.

Muss nicht jeder einen Glauben haben? Glaube ist menschlich. Ich glaube an den Tag. Ich glaube an die Kraft der Kinder; sie sind noch unverblendet. Ich glaube an das Gute im Menschen, denn sonst hätte die Welt schon untergehen müssen.

Die besten Geschichten schreibt das Leben selbst, meint die Schriftstellerin **Gaby Hauptmann** und hält die Augen offen. Das Schöpferische liegt ihr im Blut; sie ist die Enkelin des Malers Karl Hauptmann. Und so schaut sie ins Leben und erzählt davon mit viel Esprit in ihren Büchern.

Thomas Hofmeister

Als Unternehmer bin ich ständig herausgefordert; manchmal so sehr, dass ich mich wie in einem Glutofen fühle. Aber Gott bekennt sich zu meinem Leben. Jesus steht neben mir wie ein Coach. Ich versuche, ihm ganz zu vertrauen, sonst wäre ich platt. Ich höre auf ihn und versuche herauszufinden, was dran ist. Dann, wenn ich ruhig bin, gehe ich los. Ich renne nicht der Sicherheit hinterher, sondern ich frage, was liegt uns als Unternehmen am Herzen. Und das ist, Menschen sich entwickeln zu lassen.

Das Leben hat seinen eigenen Rhythmus und man kann schon aus der Puste geraten. Das weiß der Unternehmer **Thomas Hofmeister**. Er liebt die Natur und lauscht, um zur Ruhe zu kommen, ihrem Herzschlag. In dieser Ruhe öffnet er seine Ohren für das, was Christus zu ihm sagt.

Thomas de Maizière

Ich glaube an Gott, der alle Macht in seinen Händen hält, an die Auferstehung und an das ewige Leben. Meine politische Arbeit möchte ich, wie es in der Präambel des Grundgesetzes heißt, „in Verantwortung vor Gott und den Menschen“ nach besten Kräften leisten. Das ist für mich Verpflichtung und Maßstab zugleich.
Das Gebot der Gottes- und Nächstenliebe hilft mir bei der Suche nach der guten und verantwortbaren Entscheidung. Das Wissen um einen liebenden und vergebenden Gott hilft mir, schwere Entscheidungen nach bestem Wissen und Gewissen zu treffen, auch wenn ihre Folgen wegen der Begrenztheit des menschlichen Wissens und der Dynamik der Verhältnisse nicht in letzter Konsequenz überschaubar sind. Aus diesem Grund ist mir mein Glaube auch eine Erleichterung und Ermutigung, denn er lehrt mich, dass wir Menschen uns selbst nicht als letzte Instanz sehen

müssen oder dürfen. Gerade in meiner täglichen politischen Arbeit prägt mein Glaube aber auch ganz entscheidend meinen Blick auf diejenigen, die andere politische Überzeugungen vertreten. Er lehrt mich den Respekt vor dem Anderen, denn auch er ist ein von Gott geliebter Mensch. Mein Glaube schützt mich nicht zuletzt vor der heute weit verbreiteten Auffassung, alles sei möglich oder könne durch Politiker möglich gemacht werden. Als Christen wissen wir: Der Mensch ist ein unvollkommenes Wesen. Er hat Fehler und Schwächen. Das liegt in unserer menschliche Natur und es macht keinen Sinn, das zu beklagen. Aber ich glaube, dass das Erkennen der eigenen Grenzen, ja der Begrenztheit unserer menschlichen Möglichkeiten, unverzichtbar ist, um die großen Herausforderungen, vor denen wir heute alle gemeinsam stehen, verantwortungsvoll und mit der nötigen Demut angehen zu können.

Die Verbindung von Glauben, Politik und Verantwortung liegt **Dr. Thomas de Maizière** nah, da er aus einer alten hugenottischen Familie stammt, die ihres Glaubens wegen im 17. Jahrhundert vor den herrschenden französischen Machthabern nach Brandenburg floh.
Als Christ weiß er, dass wir uns unserer Verantwortung nicht entziehen können und trotz unserer Begrenztheit entscheiden und handeln müssen.

Frank-Walter Steinmeier

Christsein und Politik, Reformation und Politik – was diese Welten miteinander zu tun haben, das ist die Frage, auf die ich immer wieder stoße. Als Christ bin ich verantwortlich für mein Tun, aber eben auch für mein Nicht-Tun. Auch das Sich-Heraushalten ist die Flucht vor Verantwortung. Im Matthäus-Evangelium gibt es eine schöne Stelle, in der es um das Jüngste Gericht geht: „Ich bin hungrig gewesen, und ihr habt mich nicht gespeist. Ich bin durstig gewesen, und ihr habt mich nicht getränkt. ... Ich bin krank und gefangen gewesen, und ihr habt mich nicht besucht ...

Wahrlich, ich sage euch: Was ihr nicht getan habt einem unter diesen Geringsten, das habt ihr mir auch nicht getan." (Matthäus 25, 42–45). Das ist eine Ermahnung an Christen, nicht abseits zu stehen und nicht wegzugucken, wenn Menschen in Not geraten.

Dr. Frank-Walter Steinmeier Not vor Augen hat der Bundesaußenminister derzeit gewiss genug. Wie soll man das rechte Augenmaß behalten? Eine Hilfe ist dem überzeugten Ost-Westfalen und gelernten Juristen, seine evangelisch-reformiert geprägte Glaubensperspektive.

Manuela Schwesig

Das Thema Gerechtigkeit zieht sich durch die Bibel wie ein roter Faden. Vor Gott sind alle Menschen gleich. Er liebt uns mit allen unseren Fehlern und Schwächen, Stärken und Talenten. Das ist es auch, was mich als Politikerin antreibt: Ich möchte helfen, diese Welt für alle Menschen gerechter und lebenswerter zu machen. Dabei hilft mir mein Vertrauen auf Gott jeden Tag. Glauben kann niemand verordnen, er wächst im Herzen. Im Glauben und im Gottesdienst sammele ich meine Energie und gehe gestärkt in den Alltag. Es ist wunderbar, die schützenden Hände Gottes über meinem Sohn, meinem Mann und mir zu wissen.

Familienministerin **Manuela Schwesig** stammt aus Deutschlands Nordosten. Sie lebt mit ihrer Familie in Schwerin. 2010 ließ sie sich gemeinsam ihrem Mann und ihrem Sohn evangelisch-lutherisch taufen.

Danny Plett

DER RICHTIGE ORT

Gott meint es gut mit uns. Er möchte, dass unser Geist, unser Denken und unser Glaube gesund sind. Gott hat keine Freude daran, wenn wir Krankheit, Depression, Verlust oder Leid erfahren. Er erlaubt diese Dinge, damit wir in unserem Leben innerlich wachsen. Er weiß, dass unsere geistlichen Muskeln von dem Training profitieren, dass wir brauchen, wenn wir Widerstand erleben. Indem wir die schwierigen Umstände annehmen und Gott vertrauen, dass er für uns das Beste daraus macht, befinden wir uns am richtigen und sichersten Ort, an dem wir sein können. Sicher in Gottes Händen.

Songschreiber, Komponist, Sänger – **Danny Plett** versucht mit Musik, Menschen die Hoffnung zu geben, die er selbst in sich trägt. Denn nur von dem, was man in sich hat, kann man sprechen - oder singen, wie in seinem Fall.

Jürgen Werth

Ich glaube, dass ich nicht allein bin. Dass ich geliebt bin. Dass Gott immer neu Platz nimmt in meiner Welt. Der Mensch an meiner Seite wird. Jesus. In einem Liedtext habe ich das so beschrieben:

> Du machst dich arm, du machst uns reich.
> Lässt dich herab und wirst uns gleich.
> Du tauschst die Herrlichkeit bei Gott
> gegen Spott.
> Und wir sehn das Geheimnis geschehn.

Du machst dich klein, du machst uns groß.
Du lässt die Macht des Himmels los.
Der Schöpfer wird ein Teil der Welt
und so fällt
Gottes Licht warm auf unser Gesicht

Du legst dich fest, du machst uns frei.
Du bindest alle Teufelei.
Du überwindest, was uns droht,
auch den Tod.
Damit wir ewig leben mit dir.

Jürgen Werth ist von zu Hause aus Journalist. Darüber hinaus singt er, schreibt und leitete bis zum September 2014 den Evangeliumsrundfunk in Wetzlar. Besonders bekannt ist er als Liedermacher.

Andreas & Eliane Prangenberg

Im Veranstaltungs- und Booking-Geschäft kommt es schon mal vor, dass ein Künstler ein ausgebuchtes Konzert kurzfristig oder sogar noch am gleichen Tag absagt. Es ist dann mit sehr viel Aufwand und Stress verbunden, schnell adäquaten Ersatz zu finden.

Seit wir vor ein paar Jahren angefangen haben, Gott für alles zu danken (auch für scheinbare Schwierigkeiten), in dem Wissen, dass er jede Situation unter Kontrolle hat, uns mehr als jeder andere liebt und uns geboten hat, uns nie zu sorgen, ist seine Versorgung für uns plötzlich erfahrbar geworden.

Wir haben erlebt, dass kurzfristig abgesagte Konzerte ohne unser Zutun von Weltklasse-Künstlern übernommen wurden und es dann sogar die Highlights des Jahres wurden; oder dass eine Veranstaltung, die von nur fünf Gästen besucht wurde, zu einem lebensverändernden Abend wurde. Auch gehen wir inzwischen zuversichtlicher und entspannter mit Überschwemmungen, nicht vorhersehbaren Rechnungen, Konflikten und anderen täglichen Herausforderungen um.

Nicht immer sehen wir gleich die Lösung vor unseren Augen, aber wir glauben von ganzem Herzen, dass denen, die Gott lieben und nach seinem Willen zu ihm gehören, ALLE Dinge zum Besten dienen! siehe Römer 8,28

Andreas und Eliane Prangenberg ... haben's mit Musik und Kleinkunst. Die Luke ist ein kleines Kellertheater, das das Ehepaar Prangenberg vor einigen Jahren in Ludwigsburg gründete. Ein charmantes Forum für Songwriter und Jazzer, Rockpoeten und Musikkabarettisten. Aber auch ein Wagnis, weil Kultur immer auch ein Risikogeschäft ist. Aber mit Zuversicht und Gottvertrauen wird es zum Abenteuer.

Christoph Zehendner

BESCHENKT VON GOTT

Ich glaube, dass Gott ein Faible für uns Menschen hat. Er ist geradezu verrückt vor Liebe zu uns. Er möchte, dass unser Leben gelingt. Dass wir die Gaben entfalten, die er uns mitgegeben hat. Eine ganze Fülle von Möglichkeiten und Potenzialen hat er uns anvertraut. Er steht uns bei. Beim Umgang mit diesen Gaben, auf unserem gesamten Lebensweg. Wir können ihn dabei erleben – als Schöpfer und liebenden Vater, als Bruder und Befreier, als gemeinschaftsstiftenden Geist.

Ich glaube, dass Gott uns dabei helfen will, mit unserer Vergangenheit zurechtzukommen. Dunkle Flecken auf der Weste, negative Erfahrungen, Schuld und Versäumnisse sollen uns nicht lähmen und vom Leben abhalten.
Darum wird er Mensch: Jesus predigt, heilt, leidet, stirbt und vergibt. Und wird von Gott zu neuem Leben auferweckt. Auf geheimnisvolle Weise steckt in seinem Tod und seiner Auferstehung auch für uns der Weg zu Vergebung und Neuanfang.

Ich glaube, dass Gott uns kräftig herausfordert – wenn wir ihn nur ernst nehmen und uns auf ihn einlassen. Er nimmt uns, wie wir sind. Aber er macht uns Mut, uns zu verändern, weiter zu entwickeln, reif zu werden. Er fordert uns dazu heraus, anders zu denken und zu handeln, als der Trend es uns vorgibt. Schwächen zuzugeben und Schwachen beizustehen. Nicht das eigene Ego anzubeten, sondern an ihm orientiert auch für andere da zu sein. Die Welt in seinem Sinn zu gestalten. Sinn zu erleben.
Ich glaube, dass er mit uns geht, an jedem Tag und in jeder Situation unseres Lebens. Und danach? Geht es weiter, in unfassbarer Nähe zu ihm. In paradiesischen Zuständen. Darauf freue ich mich, das gibt mir auch schon für heute Kraft und Hoffnung. Trotz allem.

In einem kurzen Liedtext habe ich's mal so ausgedrückt (angelehnt an einen Schlüsselvers aus dem Neuen Testament, Matthäus 6,33):

Wer das neue Leben wagt,
zuerst nach Gottes Zielen fragt,
sich für Gott einsetzt, zu ihm steht,
sich nicht mehr um sich selber dreht –
der wird, viel mehr, als er es denkt,
von Gott beschenkt!

Daran glaube ich. Gott sei Dank.

Bekannte Lieder wie „Bist zu uns wie ein Vater" oder „Du bist der Weg" stammen aus der Feder des fränkischen Journalisten, Moderator und Liedermachers **Christoph Zehendner**.
Nachdem er viele Jahre in Stuttgart als Journalist wirkte, ist er 2011 in seine Heimat zurückgekehrt, lebt und arbeitet dort gemeinsam mit seiner Frau in der evangelischen Christusträger-Bruderschaft Triefenstein.

Karin Schewen

Ich habe durch den Glauben zu mir selbst gefunden.
Ich kann auf die Menschen zugehen und vor allem sehe auch ich wieder das Gute im Menschen.
Ich liebe die Natur und die Tiere, vor allem meine Familie.

Karin Schewen weiß, dass es ein Leben auf der sicheren Spur nicht gibt. Menschen brauchen einander, sowohl in der Familie als auch darüber hinaus. Deshalb ist ihr ehrenamtliches Engagement sehr wichtig. Sie hat zwei Kinder und lebt in Tauberfranken. Um den Kopf frei zu kriegen und sich zu entspannen, treibt sie Leichtathletik.

Christa Spilling-Nöker

Vom Wunder der Begegnung

Ich glaube an die Wunder wirkende Kraft der Begegnung. Die Evangelien berichten von Heilungswundern Jesu. Das eigentliche Wunder liegt dabei für mich nicht in einem Mirakel, sondern in der seelischen Berührung zwischen Jesus und den Kranken. Es ist, meiner Meinung nach, die Kraft der Begegnung, die das Leben der Betroffenen von innen her erneuert: Seelische Blockaden und Lähmungen werden gelöst, innere Blindheit öffnet sich für eine neue Sichtweise, taube Ohren werden auch für kritische Worte empfänglich und der verstummte Mund tut sich wieder auf, um sich mit anderen wirklich auszutauschen, so dass zwischen dem ICH und dem DU eine Beziehung entstehen kann.

Begegnung ist für mich mehr als ein Zusammentreffen mit anderen Menschen. Begegnung kann ich nicht erzwingen. Wo immer ich sie bisher erfahren habe, war sie ein meist flüchtiges und vorübergehendes Geschenk.

In Augenblicken, in denen ich einem anderen Menschen wirklich begegnet, von seinem ganzen Wesen, seinen Gedanken berührt, ja geradezu ergriffen worden bin, war ich plötzlich „eine andere" als zuvor. Ich fühlte mich von einer ungeheuren Lebendigkeit erfüllt, Neues brach in mir auf, von dem ich selbst überrascht war, ich fühlte mich leicht, wie beflügelt. Da hatten sich tatsächlich Verkrampfungen gelöst; ich konnte andere Menschen, aber vor allem mich selbst, mit neuen Augen sehen und mich auf eine andere Art nach außen mitteilen. Ich war wieder ein Stück mehr zu mir selbst hingewachsen – oder anders gesagt: Ich war mit mir einen Schritt weiter gekommen, um zu dem Menschen zu werden, den Gott mit mir gemeint hat.

Einfühlsam setzt die Autorin **Christa Spilling-Nöker** das Thema „Begegnung" und „Beziehung" in Sprache um und gibt ihren Lesern Worte für die eigene Situation. Dabei greift sie auf Ihre Erfahrungen als evangelische Pfarrerin, Therapeutin und Seelsorgerin zurück.

Frank Oehler

Meine Werte entstanden über religiöse Wahrnehmung, Erfahrung und Auseinandersetzung mit dem Thema Zen, mit dem Land Japan und Versenkung.

Religion – und in meiner Wahrnehmung ist es egal, welche Ausrichtung die Religion hat – sie soll einem Anleitung zum Leben geben. Nicht der Glaube an etwas, was in Zukunft geschehen mag, führt beim täglichen Handeln zur Erkenntnis, sondern das Bewusstsein für den Augenblick. Die Gefährlichkeit einer Religion besteht in der Absicht, die andere damit verknüpfen, um für deren Ziele die Religionsgemeinschaft zu missbrauchen. Gilt die Religion als Anleitung für den Einzelnen, so führt sie zu einem bewussten und achtsamen Leben in der eigenen Entscheidungsfähigkeit und Selbstverantwortung.

Mein Lieblingszitat

„es gibt nur zwei tage im jahr die unnütz erscheinen, gestern und morgen, nur im ‚jetzt' schärfst du alle sinne und lebst. jeder tag ist ein guter tag." kodo sawaki

Frank Oehler und Jamie Oliver haben zwei Gemeinsamkeiten: Sie lieben das Kochen und mit der Schule hatten sie es beide nicht so arg. Kaum die Schulpforten hinter sich gelassen, rührt Frank Oehler in den Töpfen großer „cuisiniers" und wird schließlich selbst einer. Die Küche ist ein hektisches Geschäft, deshalb schätzt der Allgäuer die Ruhe der japanischen Zen-Meditation.

Alexander Schweda

ICH VERTRAUE

ICH VERTRAUE dem Leben, wie mein eigener Vater es mich gelehrt hat und deshalb habe ich nichts gegen die Vorstellung eines Vaters im Himmel.

ALLMÄCHTIG ist er für mich insofern, als er die Kräfte des Lebens in seiner Hand hält, zu denen leider auch das Leid und der Tod gehört. Und er ist gewiss der Schöpfer des Himmels und der Erde, des Gemüts und des Körpers, des Geistigen und des Irdischen.

ICH HALTE die Lehre von Jesus für wahr, im Sinne von wahrhaftig. Sie ist inspiriert von etwas, das man ruhig Heiliger Geist nennen kann, im Sinne einer geistigen Kraft, die Heil bringt.

TRÖSTEND ist es, dass Jesus von einer Frau geboren wurde, die ihr Leben meistern musste, bis sie alt und grau war, und die unter Schmerzen geboren hat und den Lebensweg ihres Sohnes mit dem ganzen Herzen verfolgt hat.

Und auch dieser Jesus ist der Realität nicht ausgewichen, hat sich den römischen Herrschaftsverhältnissen gestellt, unter denen er gelitten hat und die ihn schließlich auch ans Kreuz gebracht haben.

Sein Körper ist also zerschunden worden und sein Geist ist aus ihm gewichen und hat die tote, fast unkenntliche Hülle zurückgelassen, so wie bei jedem Menschen, der stirbt.

ICH GLAUBE, dass sein Geist überlebt hat, der Kern seines Wesens, dass er damit einen Weg frei gemacht hat für alle unsterblichen Seelen in uns, hinein in eine Wirklichkeit, die die jetzige übersteigt.

ICH GLAUBE, dass er vereinigt ist mit all diesen Seelen und mit Gott, den er seinen Vater genannt hat. Dort, gereinigt von allem Irdischen, erkennt er wahrscheinlich noch besser, was gut und was böse ist. Und wenn wir ihm einst begegnen, werden wir selbst spüren, was wir falsch gemacht haben.

ICH GLAUBE daher daran, dass wir mit allen Menschen, die wir lieben, auf innige Weise verbunden sind. Dass, wenn wir uns dieser Gemeinschaft öffnen, vieles an und in uns wieder gut werden kann.Dass wir Güte und Versöhnung erfahren.

UND DAS HILFT mir zu leben, auch über den Tod hinaus.

Der Journalist **Alexander Schweda** schaut genau hin, nicht nur als Redakteur des Evangelischen Gemeindeblattes für Württemberg, sondern auch sonst im Leben: als Vater, als Ehemann und als Sohn. Was Menschen zusammenhält und was sie glauben, hat ihn als Medienmacher, aber auch als Liedermacher immer fasziniert. Dass er als gebürtiger Bayer heute in diesem Punkt auch Unterschiede zu den Schwaben ausmacht, bereichert und erheitert ihn in seiner Arbeit immer wieder.

Johanna Holzhauer

Glaube ist für mich Grundlage und Orientierung im Leben. Mein Glaube ist das Fundament meines Lebens. Ich verdanke ihn in erster Linie meinen liebevollen und tief religiösen Eltern. Und die Begegnungen in Taizé als Jugendliche haben mir später geholfen, den Glauben meiner Kindheit ganz neu zu entdecken und in aller Freiheit zu leben. Er befreit mich zum Beispiel davon, als Mensch in Maßstäbe eingespannt zu sein, wie sie etwa in der Wirtschaft gelten: Du bist nur das, was du darstellst, was du kannst, du bist nur etwas, wenn dein Leben perfekt und erfolgreich ist. Und ich hoffe, dass auch meine Kinder spüren können, wie sehr der Glaube sie durch ihr Leben tragen kann.

Johanna Holzhauer ist leitende Redakteurin beim WDR. Augenblicklich ist sie verantwortlich für Fernsehdokumentationen des Senders, davor arbeitete sie viele Jahre als Reporterin für Tagesschau und Tagesthemen. Sie berichtete auch aus dem ARD-Studio Moskau. Sie lebt in Bonn, ist verwitwet und hat drei Kinder.

Heinrich Steinfest

Ich glaube nicht, dass sich Gott in *einer* Religion manifestiert, sondern in *Allen*, vor allem aber im Zweifel.
Nirgends sehe ich Gott so deutlich blühen, wie im Zweifel – und in den Herzen der Zweifler.
Ich sage jetzt nicht, dass Er sich einzig und allein mit Atheisten gerne unterhält und um sämtliche Gläubigen einen großen Bogen macht. Doch es hängt wohl von einem selbst ab, ob sich Gott bloß als „guter Zuhörer" oder gar „gelangweilter Weghörer" oder als ein echter Gesprächspartner erweist.
Ich glaube an den vielgestaltigen Gott (und meine damit kein Chamäleon).
Ich glaube, indem Gott den Menschen schuf, schuf der Mensch Gott, sodass sich hier zwei begegnen, die sich symbiotisch und wechselseitig und im Zweifel verbunden sind.

Wo findet sich die Wirklichkeit, in den Antworten oder in den Fragen? **Heinrich Steinfest**, Künstler, Autor schätzt die Fragen; sie setzen Bilder frei. Nach ihnen sucht er. Ihnen will er in seinen Geschichten Gestalt geben. In Australien geboren, in Wien aufgewachsen, schreibt, liest und lebt er heute in Stuttgart.

Peter Pan

Einer meiner Glaubensvorbilder ist König David, nicht vorzugsweise aufgrund der ruhmreichen Geschichten, sondern gerade auch wegen seinem authentischen Umgang mit Schwächen und dunklen Momenten. In vielen der von ihm geschriebenen Psalmen wendet er sich in Not strauchelnd und um Hilfe rufend an Gott, und in manch einer Lebenssituation kam er an die Grenzen seiner Belastbarkeit. Das ist für mich greifbar, holt mich ab und gibt mir die Zuversicht, dass ich trotz meiner Begrenzungen und auch in schweren Zeiten bei Gott einen Zufluchtsort habe. Ich muss nicht immer eine religiöse Form wahren, keine künstlich fromme Fassade bemühen, nichts kaschieren. Auch die großen Helden der Bibel waren Menschen aus Fleisch und Blut. Sie hatten Fehler, Nöte, und nicht alles in ihrem Leben lief immer rund. Wir sitzen im gleichen Boot, sind aus demselben Holz geschnitzt. So paradox es vielleicht auch klingen mag, aber gerade das macht mir Mut und gibt mir Trost. David wurde „ein Mann nach Gottes Herzen" genannt und das, obwohl er nicht perfekt war. Wenn Gott mit fehlerhaften Menschen Geschichte schreiben kann, dann besteht auch Hoffnung für mich.

HipHop mit Hoffnungsqualität ist DJ **Peter Pans** musikalisches Motto. Gerade weil nicht stromlinienförmig, ist er hoffnungsvoll unterwegs unter HipHopHistory.de

Sefora Nelson

Die wichtigsten Dinge in diesem Leben können nicht mit Augen gesehen werden. Doch wenn ich glaube, birgt das eine so enorme Kraft in sich, dass sich dadurch auch sichtbare Dinge verändern können.
Gott lädt mich ein zum Glauben. Zum Glauben an Ihn. Das hat er seit der Vertreibung seiner gefallenen Schöpfung schon immer getan. „... Auf dass sie erkennen, dass ich Gott bin" heißt es unzählige Male im Alten Testament. Er lädt mich ein, ihm völlig zu vertrauen auf dieser Reise in die ewige Heimat.

Hier kollidiert mein begrenztes Denken mit seiner Unbegrenztheit, seine Geduld mit meiner ungeduldigen Kurzsichtigkeit, sein Vergeben mit meinem Nachtragen, meine Schwäche mit seiner Stärke. Hier brauche ich Glauben, wenn ich dann mal Zuhause bin, nicht mehr. Dann kenne ich nur noch Liebe.
Daran glaube ich. Und darauf freue ich mich.

Sefora Nelson „Wenn ich auf der Bühne bin und meine Lieder singe, habe ich keinerlei Zweifel, dass ich genau das tue, wozu ich berufen bin", sagt die Sängerin über sich selbst. Sie verbindet in ihren Liedern Glauben und Leben und bringt diese Erfahrung mit ihrer einzigartigen Stimme zum Klingen.

Wolfgang Grupp

Ich habe das Glück gehabt, in vorteilhafte Verhältnisse hineingeboren zu werden. Das lässt mir aber auch eine größere Verantwortung zuteilwerden.

Gott ist nicht nur da, wenn mich das Schicksal hart trifft. Es ist einseitig, Gott nur zu gebrauchen, wenn es etwas zu beklagen gibt. Nein, Brauchen und Gebrauchtwerden gehört beides zusammen. Ebenso wie niemand nur Erfolg für sich beanspruchen kann, den Misserfolg aber anderen überlässt. Erfolg, Misserfolg, Verantwortung und Respekt stehen für mich in einer Linie.

Als Familienunternehmer mit Tradition steht **Wolfgang Grupp** dem Textil-Unternehmen Trigema mit Willensstärke und Leidenschaft vor. Er vertreibt die Marke erfolgreich, konzentriert sich bei der Beschaffung der Rohstoffe auf EU-Länder und lässt ausschließlich in Deutschland produzieren.

Sven Lager

Jeder kann was, jeder Mensch hat einen Wert. Keiner ist wichtiger als der andere, denn in jedem steckt ein König oder eine Königin. Das ist auch der Grund, warum wir das Sharehaus eröffnet haben, erst in Südafrika, dann in Berlin. Und tatsächlich bewahrheitet sich, was wir gehofft hatten: Die Menschen blühen auf, wenn sie machen können, was Gott ihnen als Leidenschaft und Talent mitgegeben hat. Zu glauben, wir sind allein, ist Wahnsinn! Dass es keinen

Autor des Lebens gibt, verrückt! Ich glaube, dass wir alle kreative Wesen sind, wie unser Schöpfer, der ist weder Frau noch Mann, sondern ein kreativer Überfluss der Liebe, ein Reigen, ein Tanz. So sehe ich Gott, Jesus und den Heiligen Geist. Nichts hält diese Liebe zurück, außer unsere Ignoranz. Die ist okay, denn wir wachsen, lernen, entfalten uns, solange wir uns dieser Liebe öffnen. Als ich das begriff, traf es mich wie die Schaufel eines Windrads. Aber statt mich umzuwerfen, trug sie mich höher und höher. Daran glaube ich. Dass es eine Wahrheit gibt, keine Beliebigkeit. Dass jeder Mensch göttlich ist und erfüllt leben könnte, wenn er nur an sich und andere glauben würde, wie Gott an ihn glaubt.

Sven Lager ist Autor und glaubt dem Autor des Lebens. Das Leben kennt er gut denn es kam ordentlich in der Welt herum. Er lebt mit seiner Familie in Berlin und bereichert die Hauptstadt mit dem Sharehouse-Projekt, dem Haus der Begabungen.

Friedrich Schirmer

Die gute Nachricht zuerst: Wir brauchen uns nicht zu fürchten. Wir leben zwar oft zwischen Lebensangst und Todesfurcht – eine schizophrene Situation. Das Theater aber hat die Kraft, das zu überwinden. Es hat in seinen Sternstunden, in den kostbaren Glücksmomenten jene kathartische, klärende, reinigende Wirkung, die sich wider die Todesfurcht richtet und unsere Angst in Mut verwandelt.

Mein Theater liegt am schmalen Weg. Ich bin Fremdenführer in einem Terrain, das ich nicht kenne. Es ist ein Ort, an dem man ringen muss wie Jakob am Jabbok* gerungen hat. Er ging am Ende als Sieger hervor, aber als Sieger mit einem Hinken.

Woran glaube ich? Die Antwort ist einfach: Ich glaube an die Liebe. An unsere Fähigkeit zu einer Liebe, die nichts erwartet, die nichts will, außer nur zu sein, zu lieben, sich zu verschenken. Diese Liebe leidet nicht, ist nicht bedürftig, sehnt sich nicht nach Erfüllung durch andere. Sie ist großzügig und frei. Was mich im Tiefsten erfüllt, finde ich nur in mir selbst und damit bei Gott – in der Stille. Die Stille suche ich immer wieder am Tag auf, ja, auch während meiner Arbeit. Ich will wissen, was mich eigentlich antreibt und bewegt. Etwas, das von meinem inneren babylonischen Stimmengewirr übertönt wird. Will wissen, was darunter verborgen liegt. Den Weg zu mir muss ich selbst gehen. Das ist eine große Herausforderung, ein Ringen ähnlich wie das Jakobs. Die Herausforderung besteht darin, dass ich mich selbst aushalte, das eigene Schweigen, die Leere, auf die ich stoße. Paradoxerweise suchen wir stattdessen oft Zuflucht in unseren Ängsten, in unseren Träumen voller Furcht. Aber es wird Zeit, dass wir wach werden – es gibt keinen Grund zur Furcht. Wir brauchen auch den Tod nicht zu fürchten. Denn das größte Abenteuer kommt noch. Es kommt nach dem gelebten Leben.

*Der Fluss Jabbok (vgl. 1. Mo. 32,23-33) ist Schauplatz der nächtlichen Begegnung des Erzvater Jakobs mit Gott. Äußerer Anlass ist das Treffen Jakobs mit seinem Bruder Esau am folgenden Tag. Jakob hatte Angst vor diesem Treffen, denn er fürchtete, sein Bruder, den er einst betrogen hatte, nähme an ihm und seiner Familie Rache. In dieser Nacht kämpfte Jakob mit einem Engel Gottes am Ufer des Flusses um Gottes Beistand und Segen. Jakob rang Gott seinen Segen ab. Doch ging es in diesem Kampf nicht einzig um das gefürchtete Treffen mit seinem Bruder, sondern im Grunde um die ganze Lebensgeschichte des Erzvaters, die selten gradlinig verlief. Gott segnete Jakobs Leben und gab ihm einen neuen Namen: Israel. Ein Segen mit Schmerz. Denn Jakob wurde im Kampf so schwer an der Hüfte verletzt, dass er von diesem Tag an hinkte.

Friedrich Schirmer kennt das Theater und liebt es, denn es bringt das Rätselhafte und Herausfordernde des Lebens auf die Bühne. Seit 2014 wirkt er wieder in seiner alten Theaterheimat Württemberg und leitet die württembergische Landesbühne, Esslingen.

BILDNACHWEIS

Lisa Fitz: Lena Busch, S. 10
Beate Weingardt, privat, S. 12
Bäbel Wartenberg-Potter, privat, S. 18
Michael Schlierf, privat, S. 25
Eckart Hengstenberg, privat, S. 26
Stefan Zucht, privat, S. 28
Thomas Wagner, privat, S. 30
Christoph Sonntag: Maks Richter, S. 36
Andre Gatzke: Felix Stoeve, S. 39
Ute Vogt: © Susie Knoll, S. 40
Patricia Oedell: Frank Ziegenruecker 41
Dr. Gerhard Raff: Achim Zweygarth / StZ, S. 42
Uwe Metz, privat, S. 45
Myriam Menter: Heiko Assmann, S. 47
Roland Mack: EUROPA-PARK GmbH & Co. Mack KG, S. 51
Giovane Elber: Giovane-Elber-Stiftung, S. 53
Peter Jakobeit: Yves Noir, S. 54
Danny Fresh: Ben Kauer, S. 58
Siegfried Fietz: abakus-konzertagentur, S. 59
Volker Beck: Fabian Stürtz, S. 61
Martina Ehrlich, privat, S. 66
Beatrice Binder, privat, S. 68
Cornelia Fritsch, privat, S. 69
Gisela Friedrichsen: Monika Zucht/DER SPIEGEL, S. 70
Gaby Hauptmann: Herlinde Koelbl, S. 73
Thomas Hofmeister: Johannes Bertsch, S. 75
Thomas de Maizière: Laurence Chaperon, S. 76
Frank-Walter Steinmeier: © photothek Thomas Imo, S. 78
Manuela Schwesig: Bundesregierung / Denzel, S. 80

Danny Plett: Thommy Mardo, S. 81
Jürgen Werth: Rahel Täubert, S. 82
Andreas & Eliane Prangenberg, privat, S. 84
Christoph Zehendner: Bruder Uwe, Christusträger-Bruderschaft, S. 86
Karin Schewen, privat, S. 89
Christa Spilling-Nöker, privat, S. 90
Frank Oehler: Speisemeisterei GmbH, S. 92
Alexander Schweda: Factum, Simon Granville S. 94
Johanna Holzhauer: WDR/Lilly Buttermann, S. 97
Heinrich Steinfest: © Christian Hass Fotodesign, S. 98
Peter Pan: VG Mediastudio, S. 100
Sefora Nelson: Rainhardt Albrecht-Herz S. 102
Wolfgang Grupp: TRIGEMA, Inh. W. Grupp e. K., S. 104
Sven Lager: Sharehaus.net, S. 106
Friedrich Schirmer: Aska Schubert, S. 108

Daran glaube ich!

Meine Seiten

Daran glaube ich!

Persönliche Gedanken und Bekenntnisse

Edition Evangelisches Gemeindeblatt

VORWORT Daran glaube ich!

Halten Sie Ihre Eindrücke, Ihre Antworten fest – in aller Vorläufigkeit. Dieser Teil des Buchs soll Ihr Buch werden. Lassen Sie uns Ihre Gedanken wissen.
Auf unserer Buchseite **www.woran-glaubst-du.info** können Sie uns schreiben. Diesem Buch wird ein zweites nach dem Kirchentag 2015 in Stuttgart folgen, in dem wir Ihre Beiträge veröffentlichen, wenn Sie es wollen.
Wir sind neugierig auf Sie.

Ihr
Team von der Edition Evangelisches Gemeindeblatt